Pedro Calderón de la Barca

La segunda esposa

Barcelona **2024**
Linkgua-ediciones.com

Créditos

Título original: La segunda esposa.

© 2024, Red ediciones S.L.

e-mail: info@Linkgua-ediciones.com

Diseño de cubierta: Michel Mallard.

ISBN rústica: 978-84-9816-435-0.
ISBN ebook: 978-84-9953-256-1.

Cualquier forma de reproducción, distribución, comunicación pública o transformación de esta obra solo puede ser realizada con la autorización de sus titulares, salvo excepción prevista por la ley. Diríjase a CEDRO (Centro Español de Derechos Reprográficos, www.cedro.org) si necesita fotocopiar, escanear o hacer copias digitales de algún fragmento de esta obra.

Sumario

Créditos _____ **4**

Brevísima presentación _____ **7**
   La vida _____ 7

Personajes _____ **8**

Acto único _____ **9**

Libros a la carta _____ **73**

Brevísima presentación

La vida
Pedro Calderón de la Barca (Madrid, 1600-Madrid, 1681). España.

Su padre era noble y escribano en el consejo de hacienda del rey. Se educó en el colegio imperial de los jesuitas y más tarde entró en las universidades de Alcalá y Salamanca, aunque no se sabe si llegó a graduarse.

Tuvo una juventud turbulenta. Incluso se le acusa de la muerte de algunos de sus enemigos. En 1621 se negó a ser sacerdote, y poco después, en 1623, empezó a escribir y estrenar obras de teatro. Escribió más de ciento veinte, otra docena larga en colaboración y alrededor de setenta autos sacramentales. Sus primeros estrenos fueron en corrales.

Lope de Vega elogió sus obras, pero en 1629 dejaron de ser amigos tras un extraño incidente: un hermano de Calderón fue agredido y, éste al perseguir al atacante, entró en un convento donde vivía como monja la hija de Lope. Nadie sabe qué pasó.

Entre 1635 y 1637, Calderón de la Barca fue nombrado caballero de la Orden de Santiago. Por entonces publicó veinticuatro comedias en dos volúmenes y La vida es sueño (1636), su obra más célebre. En la década siguiente vivió en Cataluña y, entre 1640 y 1642, combatió con las tropas castellanas. Sin embargo, su salud se quebrantó y abandonó la vida militar. Entre 1647 y 1649 la muerte de la reina y después la del príncipe heredero provocaron el cierre de los teatros, por lo que Calderón tuvo que limitarse a escribir autos sacramentales.

Calderón murió mientras trabajaba en una comedia dedicada a la reina María Luisa, mujer de Carlos II el Hechizado. Su hermano José, hombre pendenciero, fue uno de sus editores más fieles.

Personajes

Bernarda
Contreras
El Bautismo
El Esposo
El Hombre
El Matrimonio
El Orden, viejo
El Pecado
El Placer, villano
Godoy
Juliana
La Auctora
La Comunión
La Confirmación
La Esposa
La Muerte
La Penitencia
María de Quiñones
María de Vivas
Morales
Navarro
Osorio
Rueda
Un Niño

Acto único

(Suena dentro la música y sale el Placer, de villano.)

(Música dentro.)	Venid, mortales, venid	
	si queréis no serlo y eternos vivir,	
	que aquí está la Vida, puesto que está aquí	
	quien, muriendo, a la Muerte ha de destruir.	
Placer	Mil extremos he de hacer	5
	de contento y alegría.	
	¡Albricias, que hoy es mi día	
	pues es día de Placer!	
	Cantar, bailar y tañer	
	sean todos mis intentos,	10
	suenen voces e instrumentos	
	pues contra la Muerte el Rey	
	hace de Gracia una ley	
	con todos sus sacramentos.	

(Salen en tropa toda la música del carro de la nave, que ha de ser el segundo; el Bautismo, niño, vestido de blanco, la Confirmación de dama, la Penitencia de pieles, el Orden sacerdotal, viejo venerable, el Matrimonio, galán; detrás de todos el Esposo con potencias en el sombrero. Dando vuelta al tablado, quedan todos en ala y él delante.)

Música	Venid, mortales, venid	15
	si queréis no serlo y eternos vivir,	
	que aquí está la Vida, puesto que está aquí	
	quien, muriendo, a la Muerte ha de destruir.	
Esposo	Ya que esa altiva, esa bella	
	Jersusalén militante,	20
	—sombra de la que triunfante	

vio en su Apocalipsi aquella
águila que estrella a estrella
bebe uno y otro arrebol,
subiendo ardiente farol   25
a ser dórica coluna—,
de la esfera de la Luna,
se nos pasa a la del Sol;
ya que en la vaga región,
trepando enlazada vid,   30
si no torre de David,
si no alcázar de Sión
o templo de Salomón,
es altiva imagen fuerte
que sus triunfos nos advierte,   35
pues murada y guarnecida
plaza de armas de la vida
ha de ser contra la Muerte,
antes que a su fortaleza
entremos, saber espero,   40
pues obras de Gracia quiero
medir, para más fineza,
con las de naturaleza,
de qué una gran monarquía
consta desde el primer día   45
que se funda, porque en todo
he de ajustarme en el modo
de esta nueva alegoría.

Bautismo   Una república bella
consta, señor, de la gente,   50
y así es lo más conveniente
que a poblalla y poseella
nazcan vasallos en ella
que comercien en su abismo.

Esposo	Suceda en esta lo mismo	55
	pues cuantos a ella vendrán	
	segunda vez nacerán	
	por ti siendo tú el Bautismo.	

(Hace reverencia al nombrarle y todos después.)

Confirmación	Nacer, señor, no es bastante	
	si no se sigue al nacer	60
	a perfecta edad crecer	
	y ser hombre el que era infante	
	porque con fervor constante	
	confirme en el corazón	
	la Ley y la Religión	65
	que les des.	
Esposo	Pues tú serás	
	quien se la confirmarás	
	siendo la Confirmación.	
Penitencia	Nacer, señor, y crecer	
	a pefecta juventud	70
	no es la segura salud	
	que el mortal ha menester.	
	Y así, le importa tener	
	remedios a la dolencia	
	de una y otra intercadencia.	75
Esposo	Pues tú serás de esa ruina	
	saludable medicina,	
	siendo tú la Penitencia.	
Penitencia	Aunque le podré curar	

                        será fuerza que le des   80
                        convalecencia después
                        con que pueda desechar
                        las reliquias que dejar
                        suele el mal.

Esposo   De esa aflicción
                        conforte una ungida acción   85
                        —la extrema necesidad
                        que deje la enfermedad—
                        con nombre de Extremaunción.

Comunión   Ves aquí, señor, que atento
                        nace el Hombre, vive y crece,   90
                        que adolece y convalece.
                        ¿Qué hará sin el alimento
                        que le sirva de sustento?
                        pues el más fuerte varón,
                        sin esta vital porción,   95
                        fallecerá.

Esposo   Pan de Vida
                        tendrás tú para comida
                        siendo tú la Comunión.

Orden   ¿Qué importará que nacido
                        se vea el Hombre y confirmado,   100
                        convalecido y curado
                        y en efecto mantenido,
                        si en justicia y paz regido
                        no es de algún gran tribunal
                        que le mantenga en igual   105
                        Ley? Luego habrá menester
                        jueces.

Esposo	Y tú lo has de ser siendo Orden Sacerdotal.	
Matrimonio	Aunque todos lograr puedan tantos favores, ningunos vendrán a ser como unos en otros no se sucedan. Monarquías que se heredan de una en otra sucesión las más asentadas son.	110 115
Esposo	Da tú de eso testimonio siendo tú del Matrimonio legítima sucesión.	
Matrimonio	Pues ya que a todos nos das cargos, con que de honor llenos, ninguno te tiene en menos, porque no puedes ser más, ¿licencia no nos darás para que todos por mí te hagan un acuerdo aquí ya que en mí la sucesión legítima es el blasón de que me coronas?	 120 125
Esposo	Sí.	
Matrimonio	Pues dicen, señor, que aunque de tal virtud y belleza la humana naturaleza tu primera esposa fue, —tanto que en ella hoy se ve	 130

el cielo cumplido, aquel
arco, pacto y signo fiel   135
de su gran prometimiento—
y así como «Juramento
de Dios» se llamó Isabel
y aunque tu amor no ha olvidado
lo que ya una vez amó   140
y de ella al mundo quedó
el bellísimo traslado
que de tu mente engendrado
fue reparo de su ruina,
que es la gloria peregrina   145
que comunicaste en ella
al mundo, siendo esta bella
prenda una infanta divina,
con todo eso, asegurar
conviene tu sucesión   150
en la propagada unión
de fieles que ha de igualar
átomos de viento y mar.
Y así, atentos a este bien
te consultan, porque ven   155
cuánto a honrarlos te acomodas,
celebres segundas bodas,
escucha, señor, con quién:
La Caridad, soberana
virtud, no sintiendo, digo,   160
ser tu hermana, pues contigo
nació, luego si es tu hermana
de tu sangre cosa es llana
que nace la Fe se ve,
pues de la Caridad fue   165
hija esta virtud divina,
luego de esposa y sobrina

méritos tendrá la Fe,
su madre siendo María,
que exaltada es ya feliz 170
le fue pues emperatriz
la vio en rosicler del día,
en la imperial monarquía
donde engendró soberana
a la Fe con nombre de Ana 175
que es Gracia, luego la esposa
será exaltada y graciosa
siendo como es María Ana.
Pues siendo así que elegida
está ya esta niña bella 180
y has labrado para ella
ese alcázar de la Vida,
con familia prevenida,
para que la recibamos
humildes te suplicamos 185
que su presencia gocemos
porque fieles la adoremos
porque leales la sirvamos.

Esposo   De vuestra razón de estado
ninguna cuerda consulta 190
mi voluntad dificulta;
y así, atento a ese cuidado,
tú, Matrimonio, enviado
con mi poder, donde está
irás.

Matrimonio   Tus plantas me da 195
a besar.

(Vase al carro del águila.)

| Placer | Yo que callé
cuanto hablar lo serio fue,
hablando de bodas ya
licencia tendré, señor,
para que contento diga
que la música prosiga. | 200 |

| Esposo | Ven, que de mi nuevo amor
tú, Placer, anunciador
a todo el mundo has de ser. | |

| Placer | Propio oficio de Placer
es llevar nuevas de gusto.
Volved todos, pues es justo,
hoy a cantar y tañer. | 205 |

(Vanse tocando y cantando al carro de los leones y a este tiempo sale del carro de las águilas la Muerte vestida de negro con manto, sombrero, espada y véngala como oyendo la música.)

| Música | Venid, mortales, venid
si queréis no serlo y eternos vivir
que aquí está la Vida, puesto que está aquí
quien, muriendo, a la Muerte ha de destruir. | 210 |

| Muerte | «¿Que aquí esta la vida, puesto que está aquí
quien, muriendo, a la Muerte ha de destruir?»
¿Qué fábrica y qué voz,
una piramidal, otra veloz,
al Sol y al viento igual,
en lo veloz y en lo piramidal
opuestas sin desdén,
mis oídos oyen y mis ojos ven | 215

220 |

                    siendo así que una y otra admiración
                    todo me estremeciera el corazón,
                    si algo pudiera ser
                    que en lo mortal de mí, inmortal poder,
                    temor me diera, dando yo el temor?   225
                    ¿Qué horror, pues, se le atreve al mismo horror?
                    Mas ¡ay de mí, mas ¡ay de mí! que aunque
                    sé que no puedo yo temer, no sé
                    qué angustia, qué pasión
                    qué letargo, qué ansia, qué aflicción   230
                    me confunde el mirar
                    ese nuevo edificio singular
                    en quien deslumbra el trémulo farol,
                    su faz la Luna y su semblante el Sol,
                    y más, cielos, y más,   235
                    cuando de fuentes y aves al compás,
                    oigo a su dulce música decir

(Dentro música.)   Venid, mortales, venid,
                    si queréis no serlo y eternos vivir...

Muerte   ¿Cómo, métrico engaño, puede ser   240
                    vivir eterno cuando da a entender
                    tu numerosa cláusula vocal
                    que habla con el mortal? Pues, si es mortal,
                    ¿cómo eterno le anuncia tu canción?
                    Mortal y eterno ¿no es contradición   245
                    que implica? ¿Sí? Pues, ¿cómo, cómo oí...

Música   ...que aquí está la Vida, puesto que está aquí
                    quien, muriendo, a la Muerte ha de destruir?

Muerte   Pero mal, ¡ay de mí!, podré apurar
                    yo la razón que tengo de dudar   250
                    que aunque en ella se funda mi ambición
                    es de Dios, que no es mía, mi razón!

Y así, pues discurrir no me tocó,
dígamela quien sepa más que yo.
¡Ah del profundo horror 255
del centro de esa fábrica inferior
del mundo, cuyo vil
seno, poblado de sepulcros mil,
solo un sepulcro es!
¡Ah del abismo! ¡Ah del Pecado! Pues 260
hija tuya nací,
atiende.

(Sale el Pecado vestido de demonio.)

Pecado   ¿Qué me quieres?

Muerte   Oye.

Pecado   Di.

Muerte   Ya sabes que mi principio
fue en el hermoso jardín
de la original justicia, 265
adonde engendrada fui
de la voz de la serpiente,
llegándome a concebir
la oreja de la mujer,
y a alimentar desde allí 270
la culpa del hombre, para
que me viniese a parir
la abierta herida de Abel
por la mano de Caín,
siendo los cuatro costados 275
del solar en que nací
una mentira de un áspid,

un deseo mujeril,
un error inobediente
y un homicidio infeliz,   280
en cuya primera pavorosa lid
es cierto que tuvo su principio el fin.
Pero mal hago, mal hago
en alegar desde aquí
mi origen, puesto que es más   285
antiguo que referí;
pues aún no era de los cielos
el cristalino viril,
no eran del mar y la tierra
el verde y azul país,   290
no era el Sol, no era la Luna
noble luz y sombra vil,
plantas, fieras, peces ni aves,
cuando yo pienso que fui.
Pues antes que todos tú   295
ya me concebiste en ti
fatal ira de tus iras,
cuando valiente adalid
de vasallos rebelados,
procuraste competir   300
la Divinidad; a cuyo
rumor de armas, confundir
se vio en la celeste curia
todo su eterno cenit,
escándalos dando al osado motín,   305
si ronca la caja, bastardo el clarín.
No me quiero detener
en pintar, en describir
tus ruinas o tus victorias,
que bien se pueden decir   310
victorias ruinas tan nobles

que se trujeron tras sí
el aplauso de intentar
ya que no el de conseguir;
pues solo toca a mi intento 315
que ya en el campo turquí,
que ya en la verde campaña,
hija de tu horror nací,
pues del pecado la muerte
miró el mundo introducir, 320
poniendo o su saña o su fuerza o su ardid,
en uso el matar, en ley el morir.
No traidoramente afable,
para engañar y fingir,
a vista salí del siglo, 325
pues desde luego salí
tan horrorosa, tan fiera,
que al primer estrago di
a entender que venía a ser
bárbara, atroz y gentil, 330
tan doméstico veneno,
tan cauto ladrón sutil,
tan familiar enemigo
y batalla tan civil
del hombre, que tropezando 335
aun más que en su sombra en mí,
a todas horas me había
de tener dentro de sí;
a cuyo efecto cadáver
y homicida, a un tiempo vi, 340
estrenando uno la saña
y otro el golpe, confundir
los temblores del matar
con los pasmos del morir;
tanto, que pudiera mal, 345

aun el día, distinguir
la activa o pasiva acción,
viendo entre los dos teñir
en cárdeno, en triste, troncado alhelí,
la faz y la mano sangriento zafir.   350
Desde este tremendo día,
cuya luz, a no lucir,
solo haga memoria el año,
poseyendo su matiz
caliginosas tinieblas   355
desde un abril a otro abril,
desde este, pues, día tremendo,
la posesión adquirí
del más propagado imperio
a que se supo rendir   360
la naturaleza humana,
llegando toda a sentir
el yugo de mi poder
en su agobiada cerviz.
Tanto que de mis tributos   365
fue el universal confín
del orbe jurisdición,
cuando anegado le vi
en un diluvio de llanto
llorando su Emperatriz;   370
y aunque empecé en tiranía
(no lo he de contradecir),
hereditaria me hice,
ganando decretos mil
pues como el agua que va   375
por campañas de jazmín
deslizándose, es la vida
dijo en un salmo David,
la Teüquis, y San Pablo

lo confirma con decir 380
que está establecido haber de seguir
a una vez nacer, una vez morir.
Pues siendo así que los cielos
lo dicen, pues siendo así
que es ley suya que no tiene 385
que interpretar ni argüir,
¿cómo esa fábrica bella
en quien se ven esculpir
a mordeduras del bronce,
el ébano y el marfil, 390
esa perspectiva en cuya
majestad se ven pulir
lo prolijo del cincel,
lo afectado del buril,
estudiosamente al tope, 395
viendo anudar y embutir
el crisolito y topacio
la amatista y el rubí,
esa casa de placer,
mejor pudiera decir 400
casa fuerte, pues a partes,
ya vergel, ya rebellín,
ostenta de Jericó
los muros, y de Efraín
las amenidades, siendo 405
lo menos precioso ahí
lo precioso; pues aunque
se ven engarzar y unir
la arquitrabe de sus cimbrias,
de su cúpula el perfil, 410
con oro y plata Pactolo y Ofir,
con palmas y cedros Líbano y Setín,
no es esto, no, lo que más

me ha obligado a discurrir
(y aun no sé, no sé si diga 415
que a suspirar y gemir)
sino cuatro frutos que
miro su cerco incluir,
persuadiéndome a que ciega
estoy viendo desde aquí 420
las olivas del Cedrón,
las fuentes de Rafidín,
las espigas de Booz
y las viñas de Engadí,
mostrándome algún misterio feliz 425
el agua y el olio, la mies y la vid;
¿cómo esa máquina, pues,
contra mí y aun contra ti,
en su recinto y su acento,
convida al hombre a vivir 430
eterno, si ya no tiene
trasplantada la raíz
de aquel árbol de la Vida,
por quien Dios mandó salir
al hombre de paraíso? 435
Mas no fuera, siendo así
que la fruta de aquel árbol
la había de restituir,
que tan presto le arrojara
indignado querubín. 440
Estas, pues, contradiciones
me tienen a mí sin mí;
para que me saques de ellas
te llamé; y porque no aquí
te dejes de mi ilusión 445
o vencer o persuadir,
llega tú, llega, verás

	con cuánta ocasión sentí,	
	con cuánta razón dudé,	
	con cuánta causa gemí,	450
	con cuánto temor, con cuánto	
	asombro, el asombro, en fin,	
	tiembla, gime, siente y llora	
	oyendo a esa voz decir	
Ella y música	Que aquí está la Vida, puesto que está aquí	455
	quien, muriendo, a la Muerte ha de destruir.	
Pecado	La voz escuché, y no menos	
	que a ti te admiró, me admira,	
	a cuyo acento, la ira	
	deja mis discursos llenos	460
	de más confusión que a ti,	
	cuanto es la pena más grave	
	del que sabe al que no sabe.	
	Suma inteligencia fui	
	y aunque en la gran competencia	465
	de mi lid sangrienta y dura,	
	perdí gracia y hermosura,	
	no perdí aprehensión ni ciencia;	
	y con todo eso, no puedo	
	rastrear y percibir	470
	lo que esa voz va a decir,	
	a cuyo sentido quedo	
	atónito y elevado,	
	tanto, que juzgo anda aquí	
	un misterio, que de mí	475
	tiene el cielo reservado,	
	de quien fue figura aquella	
	gran escala que ceñía	
	cielo y tierra, en quien se vía	

	bajar y subir por ella	480
	tropas de alados querubes,	
	bien como aquí resplandores	
	del tapete de las flores	
	al volante de las nubes.	
Muerte	Gente de allí veo salir.	485
Pecado	Retírate y no te mueve.	

(Sale el Placer.)

Placer	Lo que es en ir, seré breve	
	mas no lo seré en venir	
	porque aunque soy el Placer	
	y sé correr y volar,	490
	siempre he sido de ausentar	
	más fácil que de volver.	
Pecado	¿Hasle conocido?	
Muerte	No.	
Pecado	Ni yo.	
Muerte	Pues ¿quién podrá ser	
	humano, que a conocer	495
	no lleguemos tú ni yo?	
Pecado	Déjale llegar, veremos	
	si le podemos asir.	
Placer	Ahora bien, si hemos de ir,	
	señor, camino, cantemos.	500

25

          Venid, mortales...

(Salen a él y cada uno le toma la mano.)

Los dos	Villano, tente.
Placer	¿Qué es lo que me pasa que una mano se me abrasa y se me hiela otra mano?
Pecado	¿Quién eres?
Placer	Era el Placer 505 mas, ya que aquí vine a dar, debo de ser el Pesar.
Pecado	Fuerza era haberlo de ser, pues ninguno de los dos pudo haberte conocido, 510 que nunca te hemos tenido.
Placer	Ni aun ahora, plugiera a Dios, tan tenido me tuvieran.
Muerte	Esto no es tenerte yo sino embarazar que no 515 te tengan los que te esperan y saber, si Placer eres, cómo te arroja de sí quien ahí vive.
Placer	Porque ahí cuantos quedan son placeres. 520

Pecado	Pues ¿qué casa aquesa fue	
	que al Sol sus torres eleva?	
Placer	Una república nueva,	
	una nueva corte que	
	del Austro el Rey soberano	525
	para templo fabricó	
	de la esposa que eligió.	
Pecado	¿Qué Rey es ese, villano,	
	que yo no conozco?	
Placer	Un Rey,	
	tan humano y tan divino,	530
	que, siendo Austral, a dar vino	
	al clima occidental ley,	
	tan de Gracia, que la da	
	de balde su condición.	
Muerte	¿Qué señas tiene?	
Placer	El León	535
	coronado de Judá	
	es su empresa y, como viene	
	a dar vida y lo mostró	
	en Magdalo, dél tomó	
	el castillo y así tiene	540
	su alcázar para más fama	
	ilustrados sus blasones	
	de castillos y leones.	
Pecado	Dinos ya, ¿cómo se llama?	

Placer	Si es león, ¿no consideras	545
	que ya su nombre anticipo	
	en sus señas, pues Filipo	
	es ser domador de fieras?	
Muerte	¿Con quién casa?	
Placer	¡Oh, cielo santo!	
Pecado	¿Qué hay que ahora te alborote?	550
Placer	Denme con este garrote	
	y no me pregunten tanto.	
Muerte	¿Con quién casa?, di.	
Placer	En su corte	
	la paz aspira a su plaustro	
	y así, con ser él el Austro,	555
	la ha firmado con el Norte	
	en esperanzas de que	
	de su grande monarquía	
	los rebeldes a porfía	
	se reducirán.	
Pecado	¿Por qué?	560
Placer	Porque en ella dos que infiero	
	talar poblado y campiña,	
(A la Muerte.)	uno es ave de rapiña,	
(Al Demonio.)	otro es lobo carnicero,	
	y así, aves y fieras mal	565
	lograrán su pretensión,	
	casándose el Rey león	

	con el águila imperial:	
	de la alta Alemania viene	
	la bella esposa que adora.	570
Muerte	¿Y tú dónde vas ahora?	
Placer	Como sus bodas previene,	
	un convite voy a hacer	
	de su parte.	
Pecado	¿A quién, villano?	
Placer	A todo el género humano.	575
Muerte	Pues ¿a ti te han de creer?	
Placer	Sí, que llevo cartas yo	
	de grande crédito y fe.	
Pecado	¿Dónde están?	
Placer	Yo lo diré;	
	estas son, que él me mandó	580
	que las dé, sin escetar	
	personas.	

(Dale cuatro memoriales; retirándose a leer, el Placer se va retirando como a hurto.)

Muerte	Su nema abramos	
	y lo que escribe sepamos.	
Placer (Aparte.)	Yo, en tanto he de procurar,	
	como dicen, escurrir	585

	la bola, solo por ver	
	si es que es verdad que el Placer	
	siempre se va sin sentir.	

(Vase.)

Muerte	¿Cuya la primera es?	
Pecado	A lo que en la firma veo,	590
	letra y signo es de Mateo.	
Muerte	¿Y qué dice?	
Pecado	Escucha, pues:	
(Lee.)	«Convida el Rey a sus bodas	
	príncipes y emperadores,	
	potentados y señores	595
	y luego a las gentes todas,	
	desde el Rey al peregrino,	
	que a nadie excepta, y admite	
	los pobres a su convite».	
(Lee otro.)	«Estas bodas que previno	600
	el Rey, ser dos imagina:	
	la católica pureza,	
	la humana naturaleza	
	y la Iglesia y Fe divina;	
	y así, creer es notorio	605
	que tuvo en unión dichosa	
	primera y segunda esposa».	
Muerte	¿Y quién dice eso?	
Pecado	Gregorio.	
(Lee otro.)	«Quien comiere de este Pan	

	y de este Vino bebiere,	610
	eterno vivir espere.»	
Muerte	¿Y eso quién lo dice?	
Pecado	Juan.	
(Lee otro.)	«Oíd, gentes, con todos hablo:	
	quien coma de este Pan fiel	
	vive en Mí y Yo vivo en él	615
	Vida, en que no hay Muerte. Pablo.»	
Muerte	No leas más, que me enfurece	
	tan nueva proposición	
	y quebrado el corazón	
	dentro del pecho, parece	620
	que a pedazos mis enojos	
	le arrancan con ira loca,	
	en suspiros a la boca	
	y en lágrimas a los ojos.	
	¿No es ley del cielo severa	625
	que en pecado concebido	
	nazca el hombre y que, nacido,	
	solo porque nazca, muera?	
	Pues ¿quién inmortal le ha hecho?	
Pecado	¿Qué me preguntas, si miras	630
	que el veneno de mis iras	
	es víbora de mi pecho?	
	¿Qué se hizo el Placer?	
Muerte	Huyó,	
	que después de conocelle	
	tenelle ni aun detenelle	635
	no pudimos tú ni yo.	

Pecado   Pues harto nos importara
              porque la voz no corriera
              de esto a la Esposa.

Muerte   No fuera
              posible que se estorbara   640
              pues, águila perspicaz,
              bien que del Sol no lo fui,
              estoy viendo desde aquí
              que, como el arco de paz
              es tranquilo testimonio,   645
              así obediente a la ley,
              con poderes de su Rey,
              capitula el Matrimonio.

Pecado (Mirando al carro de las águilas.)
              Haciendo oración está,
              cuando el joven llega a ella.   650

Muerte   Oye al saludalla y vella
              la embajada que la da.

(Salen en lo alto por una parte el Matrimonio vestido de ángel, hincada la rodilla, con cruz y rótulo de Ave María, y por otra la Esposa con unas Horas en uno como veladorcillo, hincada de rodillas también, vuelto el rostro y abiertas las manos, mirándole, y suenan chirimías.)

Pecado   ¡Oh, quién de una vez cegara!
              ¡No viera en este hemisferio
              la alusión de aquel misterio   655
              que a mí no se me declara!

Matrimonio   Si Exaltación María es,

	si Ana es Gracia soberana,	
	bien de quien es María Ana,	
	podré humillarme a los pies,	660
	donde el Sol sus rayos peina;	
	con la fe y amor que tengo,	
	pues a que seas Reina vengo.	
[A la música.]	Decid.	

(Canta toda la música en el otro carro. Cada vez que viene la música vuelven los dos [Pecado y Muerte] suspensos.)

Música	Dios te salve, Reina.	
Matrimonio	Para vencer la discordia	665
	de nuestros males prolijos,	
	ven a ser de muchos hijos	
Música	Madre de Misericordia.	
Matrimonio	Que templará tu amor muestra	
	de la Muerte la amargura	670
	pues eres...	
Música	...vida y dulzura,	
Matrimonio	y eres...	
Música	...Esperanza nuestra.	
Muerte	Lo que allí admira aquí eleva.	
Matrimonio	Los que en este valle estamos,	
	llorando	

Música	a Ti suspiramos, desterrados hijos de Eva.	675
Matrimonio	La voz mi espíritu adiestra. Ven, pues que su llanto ves, a aliviarme presto,	
Música	ea, pues, Señora, Abogada nuestra.	680
Matrimonio	A ampararnos te resuelve, pues nos ves menesterosos,	
Música	esos misericordiosos ojos a nosotros vuelve.	
Matrimonio	En soledades extrañas lamentando están el yerro,	685
Música	danos en este destierro el fruto de tus entrañas.	
Esposa	Siempre atenta mi humildad, al supremo Emperador, esclava soy del Señor, cúmplase su voluntad.	690
Matrimonio	Con sola esa dulce, grave voz, que el sí pudo firmar, ven, Señora, que en el mar de Pedro espera la Nave. Hoy galera no ha de ser la embarcación de tus hados, porque es la gente forzados	695

	y en Ti no los ha de haber.	700
	Ven, que la tranquilidad	
	lleva el iris de tu amor.	

Esposa   Esclava soy del Señor,
             cúmplase su voluntad.

Música   　Esclava soy del Señor,   705
             cúmplase su voluntad.

(Ciérrase la apariencia.)

Muerte   ¿Ves cómo imposible fuera
             las nuevas embarazar?

Pecado   Monstruo me llamó del mar,
             de la tierra bestia fiera   710
             Juan; y así, con ira suma,
             en tanto que aquella nave
             tormenta padece grave
             sobre estos campos de espuma,
             he de salir al camino   715
             para que ese gremio fiel,
             a ese convite, por él
             no nos pase peregrino.

Muerte   Dices bien y en eso fundo
             la persecución primera: 720
             quien viniere al mundo, muera,
             muera.

(Dentro el Hombre con voz muy triste.)

Hombre   　¡Ah del mundo! ¡ah del mundo!

Muerte	Oye qué triste clamor
en las entrañas se encierra
de la tierra.
Pecado	Es que la tierra 725
de parto está con dolor
y así el orbe cristalino
con tan triste, tan profundo
gemido hiere.

(Dentro.)

Hombre	¡Ah del mundo!
Pecado	¿Quién va?
Hombre	El Hombre, el peregrino 730

(Sale el Hombre vestido de peregrino con una hacha en la mano la cual se ha de componer de seis velas de manera que pueda dividirse en luces cada una de por sí.)

que a puertas del nacer llama,
tan torpe, tan extranjero,
que ignora el paso primero
aunque le alumbra la llama
de la vida.

Pecado	Llega, que 735
la senda mi voz te dice.
Ven hacia mí.

[Va hacia él y se espanta.]

Hombre	¡Ay, infelice!
Pecado	¿De qué te asombras?
Hombre [Llorando.]	De que en el primer umbral vi un horror que me asustó. 740
Pecado	¿Hasme conocido?
Hombre	No.
Pecado	¿Y lloras de verme?
Hombre	Sí. Lágrimas son el primero fruto que a la tierra doy. ¿Quién eres?
Pecado	Tu culpa soy. 745
Hombre	Pues nacer en ti no quiero sino al centro en quien viví volverme.

(Quiere ir atrás y no puede.)

Pecado	Ya no podrás, que el nacer no vuelve atrás ni se elige. Desde aquí delante has de ir siempre. 750
Hombre	Iré

	huyendo de ti.	

(Retirándose del Pecado que va tras él, ve a la Muerte.)

Pecado	Contigo voy, dondequiera te sigo.	
Hombre	¡Ay de mí! Huyendo encontré, una sombra, otra más fuerte.	755
Muerte	Fuerza era que habiendo dado en las manos del Pecado, pases a las de la Muerte.	
Hombre	Pues también huiré de ti.	

(Con pasos atrás a la Muerte, se retira. Él va tras la Muerte y el Pecado tras él.)

Muerte	Mira cómo no podrás,	760
	pues cualquier paso que das	
	de mí huyendo, es hacia mí.	
	No puedes desde este instante	
	los dos, entre quien estás,	
	huir, ni dél volviendo atrás,	765
	ni de mí, yendo adelante.	
Hombre (Con asombro.)	¡Triste trance, dolor fuerte es nacer en tal estado que a mí me siga el Pecado y que yo siga a la Muerte!	770

(Tropieza y cae a los pies de la Muerte.)

Muerte	En mis manos estás, pero	
	no has los alientos cumplido	
	que el cielo te ha concedido,	
	y así su número espero	
	para apagar mi crueldad	775
	esa llama.	
Hombre	¿Luego son...	
Muerte	Di.	
Hombre	...tuya la ejecución	
	y ajena la voluntad?	
Muerte	Sí, porque si fuera mía,	
	y mi voluntad gozara,	780
	de solo un soplo apagara	
	toda la antorcha del día.	

Hombre
(Consolado y alegre.) Perdí el miedo a tu violencia,
que a aquel no he de temer yo
que el golpe ha de dar sino   785
al que ha de dar la licencia;
y así, mi afecto leal
busque al que a ti te enfrenó.

Muerte	¿Quién esa razón te dio?	
Hombre	¿Quién? La razón natural.	790
	Pues si hay quien mande a la Muerte,	
	causa es de causas, sin duda,	
	y es bien que a buscarle acuda.	

Muerte	Pues para que de esa suerte	
	no discurras, has de ver	795
	el imperio que mi fama	
	tiene sobre aquesa llama,	
	aun antes de fenecer.	
	Mira cómo mi crueldad	
	mata desde el primer día	800
	con el sueño, imagen mía,	
	de esta antorcha la mitad.	

(Quita una luz y apágala.)

                      Mira a hambre y sed cómo luego
                      otra mitad desfallece.
                      Mira el mal que se padece   805
                      cuánto apaga de ese fuego.

(Quita otra.)   Mira ansia, angustia o tristeza,
                      cansancio, aflicción, anhelo,
(Otra.)   desdicha, pena, desvelo,
(Otra.)   necesidad y pobreza,   810
(Otra.)   de aquesa luz que recibes,
                      cómo apagan cuanto toco
                      y mira ahora cuán poco
(Queda con una sola.) aun de lo que vives, vives.
                      ¿Qué se hizo la llama bella   815
                      que a despecho de los dos
                      ardía?

Hombre   ¡Oh válgame Dios,
                      qué poco me queda de ella!
                      ¡Con qué anticipado horror,
                      a millares de millares   820

                        nos consumen los pesares
                        de la vida lo mejor!
                        ¡Oh, tú, antorcha que en esa breve, en esa
                        tibia llama contienes sombras sumas,
                        no por hermosa de inmortal presumas,   825
                        pues puedes ser, antes que luz, pavesa.
                        Si no ardes, mueres pues tu lumbre cesa.
                        Si ardes, también, pues fuerza es la consuma.
                        Luego ardiendo o no ardiendo, siempre ahúma
                        las lóbregas paredes de la huesa.   830
                        ¡Qué luciente, qué bella te creía
                        cuando, caba, no imaginé que pueda
                        destroncarte el rigor del primer día!
                        ¡Oh, mortal! ¡Oh, mortal! Deshaz la rueda,
                        pues de vida, a merced de la agonía,   835
                        lo que te queda es lo que no te queda.
                        Pero esto poco, esto poco
                        procuraré aprovechar.

Pecado   ¿De qué suerte?

Hombre   Con buscar
                        los desengaños que toco.   840

Muerte   ¿Dónde hallarlos piensas, di?

Hombre   ¿No hay quien te venza, cruel?
                        Pues con buscarle yo a él,
                        él...

Los dos   ¿Qué?

Hombre   ...sabrá hallarme a mí.

Pecado	Por donde quiera que fueres	845
	de mi esclavo llevarás	
	el hierro porque jamás	
	blasonar de libre esperes.	

(Tiénele la Muerte las manos y el Pecado le pone un hierro en la frente.)

Hombre	¿No hay quien me socorra? ¿No	
	hay gente ninguna aquí	850
	que me favorezca?	

(Sale el Bautismo con un aguamanil y tohalla al hombro.)

Bautismo	Sí.	
Los dos	¿Quién podrá ampararle?	
Bautismo	Yo.	
Pecado	¿Quién eres, infante tierno…	
Muerte	¿Quién eres, cándido niño…	
Pecado	…que de ese soberbio alcázar…	855
Muerte	…que de ese grande edificio…	
Los dos	…estás a la primer puerta?	
Bautismo	Soy el primero ministro	
	de cuantos para su esposa	
	tiene el Rey en su servicio.	860
Muerte	¿Y qué pretendes? ¿Qué intentas?	

Bautismo	De este mortal peregrino oí la voz y vergo a darle favor.	
Pecado	Es esclavo mío y contra su dueño, nadie tiene en esclavos dominio.	865
Bautismo	El Rey es dueño de todos, y a aquel que injusticia hizo a su esclavo, podrá el Rey sobreseer a su castigo, y aun librarle.	870
Pecado	¿Cómo, pues, el hierro que yo le imprimo podrá borrársele nadie?	
Bautismo [Al Hombre.]	Así. ¿Qué pides?	
Hombre	Fe pido para creer tus misterios.	875
Bautismo	Pues con este cristalino licor, la mancha te lava del hierro, que esclavo te hizo.	

(Échale agua en la mano donde no tiene la luz, dale en la frente y quita el hierro, toma la toalla y límpiase.)

[Al Pecado.]	Mira si con la ablución del agua que es el Bautismo	880

                        de la mancha del Pecado
                        ha quedado libre y limpio.

(Pásase delante dél.)

Pecado   Limpio sí, por causa oculta
                        quizá que esa agua ha tenido;
                        libre no, que aún es mi esclavo   885
                        porque, habiéndolo nacido,
                        ¿quién le ha dado libertad?

Bautismo   Si esclavo el nacer le hizo,
                        el nacer segunda vez
                        se la ha dado.

Pecado   ¡Qué delirio!   890
                        ¿Por qué? ¿Cómo? Mas bajeza
                        siendo un tierno infante, un niño,
                        aún no capaz de razón,
                        es ponerme a argüir contigo.
                        ¿Habrá quien por ti se atreva   895
                        a escuchar mis silogismos
                        y responder a ellos?

(Sale la Confirmación [con una pistola en la mano].)

Confirmación   Yo,
                        que cuanto él dice, confirmo.
[Al Hombre.]   Pásate a mi adulta edad
                        y entiende lo que argüimos.   900

Hombre
(Pónese delante.)   ¡Oh, en un instante, que apenas
                        la verde juventud piso,

	cuánto mundo he descubierto y cuántas cosas he visto!	
Muerte	Absorta estoy de mirar tan nunca usados prodigios.	905

[Retírase.]

Confirmación	¿Qué aguardas? Prosigue, pues. ¿Qué decías?	
Pecado	Que es delirio pensar que pueda volver al vientre de que ha nacido el Hombre a nacer de nuevo.	910
Confirmación	El Bautismo no te ha dicho que ha de nacer de la carne y natural apetito sino que, regenerado, puede nacer de Dios mismo, hijo de Dios por la Gracia.	915
Pecado	¿Quién lo dijo?	
Confirmación	Juan lo dijo.	
Pecado	También el día en que nace dijo Job que era maldito; y David dice que fue en pecado concebido; y en él Pablo también dice que todos son comprendidos. Luego para un texto tuyo,	920 925

| | tres afirman que ha nacido
el Hombre en pecado, luego
esclavo nace. | |
|---|---|---|
| Confirmación | Distingo:
hasta aquesta ablución de agua
que segunda Vida ha sido,
concedo. Desde aquí, niego. | 930 |
| Pecado | A la distinción replico:
¿quién da esa segunda Vida | |
| Confirmación | Quien lo es, Verdad y Camino. | |
| Pecado | Camino, Vida y Verdad
¿quién lo es en el mundo? | 935 |
| Confirmación | Cristo, | |

(Dispara una pistola, cae en el suelo el Pecado, llega y vuelve donde está la Muerte, cayendo.)

| | cuyo nombre es rayo que
yo en mi fortaleza vibro. | |
|---|---|---|
| Pecado | Calla, que esa voz me ha muerto;
rayo ha sido, rayo ha sido,
que aun antes que con la llama
me mató con el aviso.
¡Ay, Muerte, si tú lo fueras
para mí, cuando rendido
con otro carácter veo
borrado el carácter mío! | 940

945 |

(Acércase a la Muerte.)

Muerte	¡Oh, cobarde, cómo vuelves,	
	no sin infamia, vencido!	
	Pues yo mi jurisdición	
	no he de dar a sus partidos.	950
Bautismo	¿Quién va?	
Muerte	La Muerte del Hombre.	
Bautismo	¿La natural del sentido	
	o la sobrenatural	
	del alma, que yo le libro?	
Muerte	La natural.	
Bautismo	Pase, que a esa	955
	yo la entrada no resisto.	
Confirmación	Ni yo.	
Muerte	Mortal me le dejan	
	Confirmación y Bautismo.	

(Pasa adonde estaba el Hombre.)

Hombre	¿Qué me quieres, viva sombra?	
Muerte	Que veas que aquí te sigo.	960
Hombre	¡Oh, no dejaras siquiera	
	que gozara sin peligro	
	la juventud de mis años	

          en objectos tan distintos
          como la vida me ofrece!   965
          Pero en ellos divertido
          daré al olvido tu asombro.

(Vuelve las espaldas y como va representando se van entristeciendo Bautismo y Confirmación, poniéndose las manos en los ojos. La Muerte hace señas llamando al Pecado y él pasa por las dos.)

Pecado   La Muerte pone en olvido.
                    Escuchemos desde lejos
                    si me acerco o me retiro.   970

Hombre   ¡Qué de pobladas ciudades,
                    qué de hermosos edificios,
                    qué de diversos comercios,
                    qué de varios ejercicios!
                    ¡Divina es la majestad!   975
                    ¡Quién ciñera sus invictos
                    laureles, aunque comprara
                    su aplauso con homicidios!
                    ¡Lo que me ofenden los pobres,
                    lo que me agradan los ricos,   980
                    la opulencia de sus mesas,
                    donde destilar envidio
                    los ámbares en las aguas,
                    los néctares en los vinos!
                    ¡Qué hermosas son las mujeres!   985
                    Los adornos son del siglo,
                    la menos bella, es tan bella
                    que merece mi albedrío
                    porque acompaña en lo airoso
                    la soledad de lo lindo.   990
                    Cualquiera se lleva el alma,

                        tras ellas voy, mas... ¿qué miro?

(Al volverse ve al Pecado.)

                        ¿A qué vuelve el horror tuyo?

Pecado   A que vuelvas a ser mío.

Hombre   ¿Por qué permitís los dos   995
                        que haya las puertas rompido?

Confirmación (De espaldas, con tristeza y desdén.)
                        Porque para entrar por ellas
                        las has abierto tú mismo.

Hombre   ¿Yo abrí la puerta al Pecado?

Bautismo   Sí, en haberle consentido.   1000

Hombre   ¿Por eso me habláis los dos
                        con ceños y sin cariños?

Bautismo   ¿Cómo quieres que te hablemos
                        si has nuestra gracia perdido?

Hombre   ¿El Bautismo perdí?

Bautismo   No,   1005
                        que el carácter que te dimos
                        fijo se queda en el alma.

Confirmación   Pero ultrajado, aunque fijo.

Hombre   ¡Ay, infelice de mí!

Pecado	¡Ay, Muerte, prevén el filo, que va a llorar, no le des lugar para conseguirlo!	1010
Muerte	No puedo, que aún hay materia que cebe aquel fuego activo.	
Pecado	No llores, vuelve a correr ese campo de los vicios.	1015
Hombre	No quiero, sino llorarlos ya que llegué a consentirlos, por ver si segunda vez con agua también te rindo, porque si aquella primera el hierro me borró esquivo, ¿quién duda que a esta segunda suceda también lo mismo? Que puesto que tiene el agua sobre tus fuerzas dominio, hoy de una causa he de ver si dos efectos consigo, una vez porque la vierto y otra porque la recibo.	1020 1025 1030

(Como va diciendo esto, vuelven a alegrarse los dos y a mostrarse.)

Pecado	Yo también porque segunda vez no suceda lo mismo, haré del hierro cadena porque otra vez fugitivo no puedas huir. Veré si dos efectos consigo	1035

>   también de una causa yo,

(Saca una cadena y pónesela.)

>   haciéndote el hierro mío
>   una vez porque le ato,
>   y otra vez porque le imprimo.   1040
>   Huye ahora.

Hombre   Mal podré,
>   que es muy grave, es muy prolijo
>   el peso de mi cuidado
>   a quien se sigue un delirio.
>   Malo estoy, ¿quién podrá darme   1045
>   la salud que al cielo pido?

Muerte   Aunque la pidas al cielo
>   ¿quién quieres, ni el cielo mismo,
>   que pueda dártela?

(Sale la Penitencia [de pieles].)

Penitencia   Yo.

Pecado   ¡Otro asombro!

Muerte   ¡Otro prodigio!   1050

Pecado   Triste esqueleto que en brutas
>   pieles vives los retiros,

Muerte   ...compañero de las fieras,

Pecado   ...ciudadano de los riscos,

Muerte	¿cómo has de curarle tú?	1055

Penitencia
[Al Hombre.] ¿No dices que arrepentido
 lloras aquella soberbia
 pasada, aquel apetito
 de la lascivia y vianda,
 el deseo de homicidios, 1060
 el desprecio de los pobres
 y la envidia de los ricos?

Hombre Y una y mil veces llorando
 una y mil veces lo digo.

Penitencia Pues yo de las ataduras 1065
 y vínculos que cautivo
 te tienen, te absuelvo;

(Quítale la cadena y pónesela delante.)

                              pasa
 mi puerta también.

Pecado   Divinos
 cielos, ¿qué familia es esta
 que a la esposa se previno, 1070
 toda misteriosa?

Muerte   A tanto
 asombro, fiera, me irrito
 y violentamente quiero,
 sin punto esperar preciso,
 apagar la llama.

Pecado	Tente.	1075
Muerte	¿Tú lo evitas?	
Pecado	Yo lo evito, que no me está bien que muera tras la confesión que hizo.	

Bautismo [Al Pecado.] Vuelve a salir del palacio.

Confirmación	Vuelve a dejar este sitio.	1080

(Échanle muy alegres.)

Hombre	¡Cuánto me huelgo de ver a los dos en favor mío!
Confirmación	A nuestra gracia volviste con haberte arrepentido.

(Abrázanle.)

Pecado	Pues yo también volveré	1085
	a prevaricar su juicio	
	y entre todos disfrazado	
	tengo de ver si averiguo	
	qué templo y familia es esta,	
	si ya no es que siempre impíos	1090
	para mí solos los cielos	
	embarazan mis designios.	

(Vase.)

Hombre	¿Cómo no arrojáis la Muerte?	
Confirmación	Aún no la habemos vencido.	
Muerte	No me venceréis jamás.	1095
Penitencia [Al Hombre.]	Eso el tiempo ha de decirlo. ¿Cómo te sientes?	
Hombre	Mejor, aunque no convalecido.	
Penitencia	Pues para convalecer pide remedio.	
Hombre	Sí pido.	1100
Penitencia	En necesidad extrema yo le ofrezco.	
Hombre	Y yo le admito.	
Penitencia	Ahora, porque confortes, como médico divino, de esa debilitación comer y beber permito, con que aumentos de la vida cobres.	1105
Muerte	A aqueso replico: ¿quién puede darle manjar que pueda restituido la vida aumentar?	1110

(Sale la Comunión con cáliz y hostia.)

Comunión	Yo. Toma aqueste Pan y este Vino y, aunque vino y pan lo ves, la Comunión que es mi oficio, carne y sangre lo hará.	
Hombre	Así lo creo, con solo oírlo.	1115
Muerte	¿Cómo lo crees, desmintiendo todos tus cinco sentidos? ¿Quién te lo ha dicho?	

(Sale la Orden sacerdotal.)

Orden	Yo que Orden Sacerdotal soy, lo digo.	1120
Muerte	Pues, ¿qué Pan es este?	
Orden	Es aquel cándido rocío, neutral sabor de viandas, que llovió el cielo, el racimo de tierra de promisión, no sin misterio exprimido en la viga de lagar que Isaías nos predijo. Y este, en fin, es Pan de Vida.	1125
Muerte	¿De Vida? (¡tiemblo al oírlo!) ¿Cómo (¡dos veces soy hielo!)	1130

	puede (¡veneno respiro!)	
	un Pan, (¡de cólera tiemblo!)	
	que solo es Pan, (¡de ira gimo!	
	dar (¡con mi aliento me ahogo!)	1135
	Vida, (¡con mi voz me aflijo!)	
	si yo (¡un áspid es mi pecho!)	
	soy (¡mi vista un basilisco!)	
	Muerte que, contra la Vida,	
	para solo matar vivo?	1140
	Y, pues de aquella luz veo	
	pulsar los rayos más tibios,	
	habéis de ver entre todos	
	cómo a mis suspiros rindo	
	la poca llama que dura	1145
	a pesar de mis gemidos.	
	Veamos qué aumentos de vida	
	le dan ese Pan y Vino.	
Hombre	Valedme todos.	

(Pónense todos delante y ella como luchando con todos.)

Todos [A la Muerte.] Detente.

Muerte	Mal podréis templar mis bríos,	1150
	volcán soy, llamas arrojo,	
	Etna soy, rayos respiro.	
Bautismo	¡Rey y Señor!	
Muerte	No responde	
	a tu voz.	

(Pasa por él apartándole.)

Confirmación   ¡Monarca invicto!

Muerte   Ni a la tuya.

[Pasa de la Confirmación.]

Penitencia   ¡León cordero!   1155

Comunión   ¡Padre y Rey!

Muerte   Aún no os ha oído.

(Apártalos.)

Orden   Hombre y Dios, ¿tú no dijiste
aqueste es el Cuerpo mío?
Pues ven a esta voz.

(Sale el Esposo, túrbase la Muerte, el Hombre le da el hacha y él la toma.)

Esposo   Sí haré,
que a aquesas palabras cinco,   1160
en boca del sacerdocio,
siempre que él me llama asisto.
¿Qué es esto?

Hombre   Echarse a tus plantas
el humano peregrino.
Mi vida pongo en tus manos,   1165
líbrala de ese peligro.

(Pónese detrás de él.)

Esposo	Sí haré, y haciéndola mía
	ya como humana la admito
	porque vean los mortales
	que tienen Rey tan benigno 1170
	que toma sobre sus hombros
	de su vida los conflictos,
	ansias y tribulaciones;
Muerte	Yo personas no distingo.
	Ciega estoy, no sé quién eres, 1175
	en últimos parasismos,
	una humana vida veo,
	una humana vida quito.

(Apaga la luz y suena terremoto.)

Esposo	¿Por qué me desamparaste,
	padre mío, padre mío? 1180
Bautismo y Confirmación	¿Qué has hecho, bárbaro, fiera?
Orden y Comunión	¿Qué has hecho?
Penitencia y Hombre	¿Qué has cometido?
Muerte	No sé, no sé, porque solo
	sé que a mi furor me rindo
	viendo turbar cielo y tierra. 1185
Bautismo	¡Qué portento!

Confirmación	¡Qué prodigio!	
Penitencia	¡Qué asombro!	
Comunión	¡Qué confusión!	
Orden	¡Qué terremoto!	
Hombre	¡Qué abismo!	
Muerte	Verdaderamente era	
	hijo de Dios pues, divino	1190
	y humano, vence muriendo.	
Esposo	Aun ahora no te he vencido.	
(Suena terremoto.)	La victoria empieza ahora	
	viendo que estas flores tiño	
	debilitado en mi sangre.	1195
	¿No hay quien dé a mi cuerpo alivio?	
Comunión	Yo en mi cáliz la recojo.	
Orden	Yo en mis manos la recibo.	
Esposo	Sacerdocio y Comunión	
	son los dos que han admitido	1200
	mi cuerpo y sangre; y así	
	has de ver que en ellos vivo	
(Suena terremoto.)	porque viva el Hombre en mí	
	pues como yo resucito,	
	resucitará glorioso	1205
	en el postrero jüicio,	
	siendo la muerte del justo	
	solo un espacio preciso	

	para pasar a la eterna	
	vida; y siendo el Pan y el Vino	1210
	misterioso sacramento	
	en que yo me deposito,	
	para que venza muriendo	
	por los siglos de los siglos.	

(Vanse llevando [al Esposo] los dos gloriosos al carro del triunfo.)

Hombre	Felice yo que tan grandes	1215
	finezas he merecido.	

Muerte	Y infelice yo que a tanto	
	eclipse, escándalo y ruido	
	una vez mato y dos muero.	
(Suena terremoto.)	Y más ahora que el Sol miro	1220
	a media tarde expirando	
	entre celajes y visos,	
	amortiguados a rayos	
	y ensangrentados a giros;	
	agonizando la Luna,	1225
	aun de sus siempre mendigos	
	resplandores, luz escasa	
	y tanto que ha parecido	
	que el Sol y ella hechos pedazos,	
	bien como espejos partidos,	1230
	se han desatado en menores	
	astros, corriendo a su arbitrio,	
	crinadas aves de fuego	
	por negros campos de vidro,	
	las tropas de las estrellas,	1235
	las escuadras de los signos.	
	Estremecida la tierra,	
	caducan montes y riscos,	

titubean las ciudades,
deliran los edificios,   1240
rásgase el velo del Templo,
chocan las piedras y frisos,
los monumentos arrojan
de sí cadáveres vivos.
El mar, escamado monstruo,   1245
sin freno, rienda ni aviso
sacude sobre las nubes
los desmelenados rizos
de su mal peinada greña,
siendo azote cristalino   1250
de una nave que entre todas
naufraga, verce el conflicto.
Pero qué mucho, ¡ay de mí!,
si al no borrado camino
de sus rumbos obedece   1255
sereno el cielo y tranquilo
el mar, sucediendo a tantos
amenazados peligros
alegre paz, que serena
aire, mar, campos y ríos;   1260
apenas al tercer día
el día ha convalecido
cuando el Rey de mí triunfando,
mostrando que siempre invicto
entre sus tribulaciones   1265
vencerá sus enemigos,
a recibirla en triunfal
carro sale al puerto mismo,
a cuya vista a pena,
vuelta en aplausos festivos,   1270
de tierra y mar le responden
con canciones y con himnos.

(Da vuelta la nave y viene sentada en la popa la Esposa, el Matrimonio en la quilla y todos los músicos que son de la otra tropa en las gradas del trono. El carro a este tiempo da vuelta con el Esposo en el trono, y en sus gradas Bautismo, Confirmación, Penitencia, Comunión, Orden y Hombre; y suena la música y a cada copla uno y otro da vuelta.)

Coro I	¡Ah del mar!
Coro II	¡Ah de la tierra!
Coro I	¿Qué nave es esa?
Coro II	Esta es, pues trae la piedra preciosa, la Nave del Mercader. 1275
Coro I	¡Qué ventura!
Coro II	¡Qué placer!
Coro I	¡Buen viaje...
Coro II	¡Buen pasaje...
Los dos	...el mar y la tierra alegres le den!
Coro I	Y venga con bien,
Coro II	Y venga con bien, 1280
Los dos	...pues que nuestros puertos viene a enriquecer.
Coro II	¡Ah de la tierra!

Coro I	¡Ah del mar!
Coro II	¿Qué triunfo es ese?
Coro I	Este es, del que ha vencido a la Muerte, el carro que vio Ezequiel. 1285
Coro II	¡Qué ventura
Coro I	¡Qué placer!
Coro II	¡Buen viaje...
Coro I	¡Buen pasaje...
Los dos	...el mar y la tierra alegres le den!
Coro II	Y venga con bien,
Coro I	Y venga con bien,
Los dos	...pues que nuestros mares sale a enriquecer. 1290
Esposo	¡Oh, tú, nave que, herida de la tormenta airada, te has visto zozobrada pero no sumergida, cuando en vez de cristales 1295 surcaste tantos líquidos corales!
Esposa	¡Oh, tú, triunfo eminente, que, a pesar de los hados,

	coronas los sagrados	
	laureles de tu frente,	1300
	tan verdes siempre y bellos	
	que se deslumbra el mismo Sol en ellos!	

Esposo ¡Salve! y de esta campaña
que el Héspero corona,
por quien feliz blasona   1305
ser Hesperia o España,
pisa la verde esfera
que alegremente en ti su reino espera.

Esposa ¡Salve! y estos cristales
que de Alemania la alta   1310
el crespo hielo esmalta,
pisa como leales
feudos, en que te ofrece venturosa
una esclava, con título de Esposa.

(Ábrese la torre de los leones y aparece un león, y abriendo el pecho se ve un cordero. Ábrese la torre del águila y abriéndose el pecho se ve una paloma.)

Esposo Aquel alcázar fuerte   1315
tu templo es, tu palacio,
y aunque alcaide en su espacio
es león el que se advierte,
de sus entrañas quiero
que veas que son de cándido cordero.   1320

Esposa Aquella fortaleza
que ves también ha sido
de mis águilas nido,
pero entre su fiereza

	por alma suya asoma	1325
	sinceridad de cándida paloma.	

Esposo
(Levantándose.) Ven a mis dulces brazos,
 coronaráste en ellos.

Esposa Aguila de mil cuellos
 para otros tantos lazos 1330
 quisiera ser.

Matrimonio Del mar cesó la guerra.

Esposo Venid todos al mar.

Esposa Todos a tierra.

(Bajan con la música y chirimías al tablado.)

Esposo Feliz es mi fortuna,
 inmensos mis placeres,
 que toda hermosa eres, 1335
 no hay en ti mancha alguna.
 Llega a mis brazos, llega,
 tu vista, como el Sol, alumbra y ciega.

Esposa Mi estrella nunca errante,
 puerto me da dichoso; 1340
 todo es galán mi esposo,
 todo es amor mi amante,
 feliz quien se corona
 en los templados rayos de su zona.

(Sale el Placer y el Pecado.)

Placer	No dije yo que había de venir tarde, pero si el placer considero de todos este día, poca falta hacer pude.	1345
Esposo	¿Quién a mis bodas, di, Placer, acude?	1350
Placer	No príncipes y reyes, monarcas y señores; humildes pescadores obedecen tus leyes, y aqueste peregrino que a mi voz se apartó de su camino.	1355
Esposo	Esos pobres que dices gusto que hayan venido que ellos para mí han sido los huéspedes felices. Llegad, llegad, y con humildes modos a la reina besad la mano todos,	1360

(Suenan chirimías y van llegando de dos en dos haciendo reverencias con los versos, y los postreros son los dos peregrinos.)

Bautismo	Yo de la Fe testigo soy con que te esperamos.	
Confirmación	Tan conformes estamos que yo lo mismo digo.	1365
Penitencia	Siendo con tu venida...	

Comunión	feliz paz...
Matrimonio	dulce unión...
Orden	eterna vida.
Hombre	Dame, reina divina, la mano soberana. 1370
Pecado	Dame, deidad humana, la mano peregrina.
Esposa	Bien con todos quisiera partir mi amor.
Esposo	Detente, aguarda, espera. ¿Cómo a aquel extranjero 1375 das la mano en pecado?
Esposa	Porque entró disfrazado y yo su intento fiero descubrir dificulto, que la Iglesia no juzga de lo oculto. 1380
Esposo	¿Cómo, bárbaro, no miras, sacrílegamente aleve, que aunque a todos los engañes, a mí engañarme no puedes? ¿Al convite de mis bodas 1385 sin la nupcial ropa vienes de atrición y contrición?
Pecado	Suspende, ¡ay de mí!, suspende el ceño que verte airado

             es el más grave, más fuerte   1390
             rigor de cuantos mis penas
             en los abismos padecen.
             Disfrazado en tu convite
             quise ver qué pan es este
             y comiéndole en pecado   1395
             ultrajarle y ofenderle.

Placer   Miren lo que yo conmigo
             truje porque considere
             alguno que al sacramento
             esto llevan los placeres.   1400

Esposo   Pues antes que vuelvas donde
             tus desdichas atormenten,
             quiero que Muerte y Pecado
             fieras de mi carro entren
             en mi cerca, porque así   1405
             triunfante me vea dos veces
             la majestad de mi Esposa
             del Pecado y de la Muerte.

Pecado   ¿Esto sufre mi furor?

Muerte   ¿Esto mi rabia consiente?   1410

Esposa   Pues porque tú no otra vez
             sacrílego a engañar llegues
             mis piedades, vuelve a ver
             que aquella águila que tiene
             sinceridad de paloma   1415
             jeroglífico excelente
             es del fanal de una nave
             en quien fuego y pan se advierte

	para que al rebelde abrase	
	y al católico sustente.	1420

(Ábrese el fanal y vese el sacramento.)

Esposo	Y tú en el mismo sentido	
	los ojos a la cruz vuelve,	
	que tálamo de mis bodas	
	el mismo fruto procede.	
	Este león y cordero	1425
	es aquel pan eminente	
	mostrando que a unos regala	
	y a otros despedaza y hiere.	

(Sube el sacramento por la cruz.)

Pecado	Aun bien que aquesto es decirnos	
	que parte el Pecado tiene	1430
	en él, pues será veneno	
	el que indigno de él comiere.	
Muerte	Aun bien que eso es enseñarme	
	que es pan de vida y de muerte.	
Esposa	Sí, mas quien le coma en gracia	1435
	vivirá en mí eternamente.	
Hombre	Feliz yo que merecí	
	ser dueño de tantos bienes.	
Bautismo		
(Al Hombre.)	Dichoso yo que la puerta	
	primera abrí por donde entres.	1440

Confirmación	Feliz yo, que confirmé misterios tan excelentes.	
Penitencia [Al Hombre.]	Dichoso yo, que a la gracia restituí tus placeres.	
Comunión [Al Hombre.]	Feliz yo, que pude hacer que tu mérito se aumente.	1445
Orden [Al Esposo.]	Dichoso yo, que ministro pude en mis manos tenerte.	
Matrimonio	Y felice yo y dichoso, que uní en suave yugo leve Esposo y Esposa que por siglos de siglos reinen.	1450
Placer	Y dichoso yo y felice si entre los himnos alegres de las repetidas voces que a aclamar el triunfo vuelven, en el nombre de su autor llego a ver que humilde siempre merece perdón el auto, ya que aplauso no merece.	1455 1460

FINIS
En 30 de mayo de 1648

Libros a la carta

A la carta es un servicio especializado para
empresas,
librerías,
bibliotecas,
editoriales
y centros de enseñanza;
y permite confeccionar libros que, por su formato y concepción, sirven a los propósitos más específicos de estas instituciones.

Las empresas nos encargan ediciones personalizadas para marketing editorial o para regalos institucionales. Y los interesados solicitan, a título personal, ediciones antiguas, o no disponibles en el mercado; y las acompañan con notas y comentarios críticos.

Las ediciones tienen como apoyo un libro de estilo con todo tipo de referencias sobre los criterios de tratamiento tipográfico aplicados a nuestros libros que puede ser consultado en Linkgua-ediciones.com.

Linkgua edita por encargo diferentes versiones de una misma obra con distintos tratamientos ortotipográficos (actualizaciones de carácter divulgativo de un clásico, o versiones estrictamente fieles a la edición original de referencia).

Este servicio de ediciones a la carta le permitirá, si usted se dedica a la enseñanza, tener una forma de hacer pública su interpretación de un texto y, sobre una versión digitalizada «base», usted podrá introducir interpretaciones del texto fuente. Es un tópico que los profesores denuncien en clase los desmanes de una edición, o vayan comentando errores de interpretación de un texto y esta es una solución útil a esa necesidad del mundo académico.

Asimismo publicamos de manera sistemática, en un mismo catálogo, tesis doctorales y actas de congresos académicos, que son distribuidas a través de nuestra Web.

El servicio de «libros a la carta» funciona de dos formas.

1. Tenemos un fondo de libros digitalizados que usted puede personalizar en tiradas de al menos cinco ejemplares. Estas personalizaciones pueden ser de todo tipo: añadir notas de clase para uso de un grupo de estudiantes,

introducir logos corporativos para uso con fines de marketing empresarial, etc. etc.
2. Buscamos libros descatalogados de otras editoriales y los reeditamos en tiradas cortas a petición de un cliente.

www.ingramcontent.com/pod-product-compliance
Lightning Source LLC
Chambersburg PA
CBHW022124040426
42450CB00006B/833